Go in der Praxis

Ein Leitfaden für Entwickler

Philipp Sattler

Impressum

1. Auflage

Copyright © 2024 Philipp Sattler, Aichach

ISBN:	9798339062486
Autor:	Philipp Sattler
	c/o COCENTER
	Koppoldstr. 1
	86551 Aichach
Internet:	www.philippsattler.de
Mail:	hi@philippsattler.de

Über dieses Buch

Copyright

Haftungsausschluss

Inhalt

Vorwort

Die Programmiersprache Go, auch bekannt als Golang, hat sich in den letzten Jahren zu einer bevorzugten Wahl für Entwickler auf der ganzen Welt entwickelt. Sie kombiniert eine klare und prägnante Syntax mit der Fähigkeit, hochskalierbare und performante Anwendungen zu entwickeln.

Ob es um Webservices, verteilte Systeme oder einfache CLI-Tools geht – Go bietet leistungsstarke Werkzeuge, die Entwicklern helfen, effiziente Software zu erstellen.

Dieses Buch richtet sich an erfahrene Programmierer, die bereits über grundlegende Programmierkenntnisse verfügen und nun die Welt von Go erkunden möchten. Es ist speziell darauf ausgelegt, die Lücke zwischen der ersten Begegnung mit Go und dem Erreichen eines fortgeschrittenen Verständnisses der Sprache zu schließen.

Der Fokus liegt dabei auf praxisnahen Beispielen, die zeigen, wie Go in realen Projekten verwendet wird, sowie auf bewährten Methoden zur Optimierung von Code und Performance. Dabei wird besonderer Wert auf die Konzepte gelegt, die Go von anderen Programmiersprachen unterscheiden, wie etwa Goroutinen und Channels für die nebenläufige Programmierung.

Es ist ein Leitfaden für alle, die über die Grundlagen hinausgehen und die Leistungsfähigkeit dieser modernen Sprache voll ausschöpfen möchten

1. Einführung in Go

1.1 Warum Go?

Go, auch bekannt als Golang, wurde von Google im Jahr 2009 veröffentlicht und hat seitdem in der Entwicklergemeinschaft enorm an Popularität gewonnen. Die Programmiersprache wurde entwickelt, um einige der Schwächen bestehender Programmiersprachen zu beheben, insbesondere im Hinblick auf Einfachheit, Effizienz und Unterstützung für Concurrency.

Aber warum sollte man sich als erfahrener Entwickler mit Go beschäftigen? Es gibt mehrere Gründe:

- **Kompilierte Sprache mit der Geschwindigkeit von C**: Go ist eine kompilierte Sprache, die es ermöglicht, extrem performanten Code zu erzeugen. Dabei bleibt die Komplexität von C oder C++ außen vor. Der Go-Compiler erzeugt binäre Programme, die direkt auf dem Zielsystem laufen, ohne dass eine Runtime wie bei Java benötigt wird.
- **Einfachheit und Klarheit**: Go ist bekannt für seine minimalistische Syntax. Es verzichtet bewusst auf komplizierte Sprachkonstrukte wie Vererbung, explizite Ausnahmebehandlung oder Generics (wobei diese in Go 1.18 eingeführt wurden). Das Ergebnis ist eine Programmiersprache, die leicht zu lesen und zu schreiben ist – ein Vorteil, wenn es um die Wartbarkeit von großen Codebasen geht.
- **Native Unterstützung für Concurrency**: Die wohl am meisten hervorgehobene Eigenschaft von Go ist die eingebaute Unterstützung für parallele Ausführung durch Goroutinen und Channels. Concurrency ist in vielen modernen Anwendungen, insbesondere in der

Webentwicklung und der Verarbeitung von Datenströmen, von großer Bedeutung, und Go macht es Entwicklern leicht, parallelisierbare Programme zu schreiben.

- **Starke Standardbibliothek**: Go bietet eine umfangreiche Standardbibliothek, die viele der gängigen Aufgaben wie HTTP-Server, JSON-Verarbeitung und Dateioperationen abdeckt. Oftmals werden Drittanbieter-Bibliotheken gar nicht benötigt, um eine vollständige und produktionsreife Anwendung zu schreiben.
- **Breite Anwendung**: Go wird in vielen verschiedenen Bereichen eingesetzt, darunter Cloud-Services, Microservices-Architekturen, Container-Technologien (Docker wurde in Go geschrieben), DevOps-Tools und sogar Webentwicklung. Seine breite Einsatzfähigkeit macht es zu einer vielseitigen Sprache, die für viele verschiedene Anwendungen geeignet ist.

1.2 Die Philosophie hinter Go

Go basiert auf einigen wichtigen Designprinzipien, die es von anderen Sprachen abheben. Diese Prinzipien sind tief in die Sprache integriert und prägen die Art und Weise, wie man Go schreibt und denkt:

- **Simplicity (Einfachheit)**: Einer der Hauptgründe für die Entwicklung von Go war es, eine einfache, aber leistungsfähige Sprache zu schaffen. Die Entwickler von Go wollten eine Sprache, die ohne viel „magischen Code" auskommt und leicht zu verstehen ist. Dadurch wird der Code übersichtlich und gut wartbar.
- **Concurrency as a first-class citizen**: Die native Unterstützung von Concurrency macht Go einzigartig. Mit Goroutinen und Channels können Entwickler leicht parallelisierbare und skalierbare Anwendungen schreiben,

ohne komplexe Thread-Modelle wie in anderen Sprachen verwenden zu müssen.

- **Starke Typisierung und Sicherheit**: Go ist statisch typisiert, was bedeutet, dass viele Fehler bereits zur Kompilierzeit gefunden werden können. Das Ergebnis ist robusterer und fehlerfreier Code. Gleichzeitig bietet Go eine dynamisch wirkende Typisierung in Form von „Interfaces", die es flexibler und mächtiger macht.
- **Effizienz und Performance**: Go wurde so konzipiert, dass es schnelle und effiziente Programme ermöglicht. Es vereint die Performance von kompilierter Software mit der Einfachheit und Lesbarkeit moderner Skriptsprachen.

1.3 Go-Ökosystem und Werkzeuge

Go wäre nicht so erfolgreich, wenn es nicht auch durch eine hervorragende Toolchain und ein starkes Ökosystem unterstützt würde. Entwickler, die sich mit Go beschäftigen, profitieren von zahlreichen Tools und einem aktiven Community-Support.

- **Go-Toolchain**: Die Go-Toolchain besteht aus mehreren nützlichen Tools, die es Entwicklern ermöglichen, Go-Programme zu bauen, zu testen und zu analysieren. Die wichtigsten Befehle sind:
  - `go build`: Baut das Programm.
  - `go test`: Führt Tests aus.
  - `go fmt`: Formatiert den Code nach einem einheitlichen Stil.
  - `go vet`: Analysiert den Code auf häufige Fehler.
  - `go mod`: Verwaltet Module und Abhängigkeiten.

- **Go Modules**: Seit Go 1.11 gibt es Go Modules, ein System zum Verwalten von Abhängigkeiten. Damit wird der traditionelle GOPATH weitgehend ersetzt, was die Handhabung von externen Bibliotheken deutlich erleichtert.

- **Go Playground**: Für schnelle Experimente bietet der Go Playground eine einfache Möglichkeit, Go-Code direkt im Browser auszuführen, ohne eine lokale Entwicklungsumgebung einrichten zu müssen. Es ist ein großartiges Tool, um schnell kleine Codeausschnitte auszuprobieren.
- **Editor-Integration**: Die meisten modernen Code-Editoren bieten erstklassige Unterstützung für Go. Besonders beliebt ist Visual Studio Code mit der Go-Erweiterung, die Features wie Autovervollständigung, Code-Hints und Debugging bietet. Andere beliebte Editoren sind Goland (von JetBrains) und Sublime Text.

2. Installation und Einrichtung

Bevor wir tiefer in die Entwicklung mit Go einsteigen, ist es wichtig, sicherzustellen, dass die Entwicklungsumgebung korrekt eingerichtet ist. In diesem Kapitel wird erläutert, wie man Go auf verschiedenen Betriebssystemen installiert, eine produktive Arbeitsumgebung einrichtet und ein Go-Projekt richtig strukturiert.

2.1 Go installieren

Go lässt sich auf den meisten gängigen Betriebssystemen leicht installieren. Im Folgenden zeige ich dir die Installationsschritte für Linux, macOS und Windows.

2.1.1 Installation unter Linux

Für Linux-basierte Systeme (Ubuntu, Debian, CentOS usw.) gibt es zwei Hauptoptionen: die manuelle Installation oder die Installation über den Paketmanager.

Installation über den Paketmanager (Debian/Ubuntu):

```
sudo apt update

sudo apt install golang-go
```

Manuelle Installation:

Für die neueste Version von Go ist es empfehlenswert, Go direkt von der offiziellen Website herunterzuladen.

Lade die aktuelle Go-Version von der offiziellen Seite herunter:

```
wget https://go.dev/dl/go1.xx.x.linux-amd64.tar.gz
```

Entpacke das Archiv in das Verzeichnis /usr/local:

```
sudo tar -C /usr/local -xzf
go1.xx.x.linux-amd64.tar.gz
```

Füge Go zu deinem PATH hinzu, indem du deine Shell-Konfigurationsdatei (~/.bashrc oder ~/.zshrc) bearbeitest:

```
export PATH=$PATH:/usr/local/go/bin
```

2.1.2 Installation unter macOS

Unter macOS gibt es zwei bevorzugte Installationsmethoden: mit **Homebrew** oder manuell.

Installation mit Homebrew:

```
brew update

brew install go
```

Manuelle Installation:

1. Lade die aktuelle Version von Go von der offiziellen Website herunter.
2. Öffne das heruntergeladene `.pkg`-Installationsprogramm und folge den Anweisungen.

2.1.3 Installation unter Windows

Für Windows-Nutzer bietet sich die Installation über den MSI-Installer an, der direkt von der offiziellen Go-Website heruntergeladen werden kann:

1. Besuche `go.dev/dl`.
2. Lade den MSI-Installer für Windows herunter.
3. Führe das Installationsprogramm aus und folge den Anweisungen.

Nach der Installation sollte Go automatisch zum PATH hinzugefügt werden. Um dies zu überprüfen, öffne eine Eingabeaufforderung und gib `go version` ein. Wenn die Installation erfolgreich war, siehst du die installierte Go-Version.

2.2 Arbeitsumgebung einrichten

Eine gut konfigurierte Arbeitsumgebung ist essentiell für effizientes Arbeiten mit Go. Im Folgenden werden einige Tools und Einstellungen vorgestellt, die deine Produktivität steigern können.

2.2.1 IDE- und Editor-Empfehlungen

Go wird von einer Vielzahl moderner IDEs und Editoren unterstützt. Einige der beliebtesten Optionen sind:

- **Visual Studio Code**: Mit der offiziellen Go-Erweiterung bietet VS Code umfassende Unterstützung für die Entwicklung mit Go. Diese umfasst Syntax-Highlighting, Autovervollständigung, Debugging und Formatierung.
  - Installation der Go-Erweiterung:
    1. Öffne Visual Studio Code.
    2. Gehe zum Erweiterungs-Tab (oder drücke `Ctrl+Shift+X`).
    3. Suche nach "Go" und installiere die von Google bereitgestellte Go-Erweiterung.
- **Goland (JetBrains)**: Eine kommerzielle IDE, die eine umfassende Unterstützung für Go bietet. Sie ist besonders leistungsstark, wenn es um größere Projekte und fortgeschrittene Features wie Refactoring, Code-Inspektionen und Debugging geht.
- **Sublime Text**: Mit zusätzlichen Plugins wie `GoSublime` kannst du auch Sublime Text effizient für Go-Entwicklung nutzen.

2.2.2 Debugging und Profiler

Für das Debugging von Go-Anwendungen gibt es mehrere Tools, die in den gängigen IDEs integriert sind:

- **Delve**: Delve ist der Standard-Debugger für Go. Er bietet Unterstützung für Breakpoints, Schritt-für-Schritt-Ausführung und die Inspektion von Variablen.

```
go install
github.com/go-delve/delve/cmd/dlv@latest
```

Sobald Delve installiert ist, kannst du es in den meisten IDEs als Debugger verwenden oder es manuell über die Kommandozeile starten.

2.2.3 Automatische Code-Formatierung mit go fmt

Einer der größten Vorteile von Go ist, dass es einen einheitlichen Stil für Code vorgibt. Dies wird durch das Tool go fmt unterstützt, das Code automatisch formatiert. go fmt sorgt dafür, dass der gesamte Go-Code konsistent aussieht, was zu besser lesbarem und wartbarem Code führt.

Um den gesamten Code eines Projekts zu formatieren, kannst du einfach den folgenden Befehl ausführen:

```
go fmt ./...
```

2.3 Go-Projekte strukturieren

Die Strukturierung von Go-Projekten kann anfangs etwas ungewohnt erscheinen, insbesondere wenn man von Sprachen wie Python oder Java kommt. Es gibt jedoch einige bewährte Praktiken, die die Verwaltung von Go-Projekten erleichtern.

2.3.1 GOPATH vs. Go Modules

Früher basierte Go stark auf dem Konzept des **GOPATH**, einem speziellen Verzeichnis, das den Arbeitsbereich für Go-Projekte definiert. Seit der Einführung von **Go Modules** (ab Go 1.11) ist dieses Modell jedoch größtenteils veraltet, und die Nutzung von Go Modules wird dringend empfohlen.

- **GOPATH**: Ein Verzeichnis, das Go-Projekte und -Abhängigkeiten speichert. Jeder Go-Code musste sich innerhalb des GOPATH befinden. Dieses Konzept war oft unflexibel und führte zu Problemen bei der Verwaltung von Abhängigkeiten in verschiedenen Projekten.
- **Go Modules**: Go Modules lösen viele dieser Probleme, indem sie eine flexible Verwaltung von Abhängigkeiten ermöglichen. Mit Go Modules kannst du Projekte unabhängig von einem globalen GOPATH-Verzeichnis erstellen und verwalten. Außerdem wird jede Version einer Abhängigkeit direkt im Modul definiert und kann einfach aktualisiert oder geändert werden.

Um Go Modules in einem Projekt zu aktivieren, gehe wie folgt vor:

1. Navigiere in das Verzeichnis deines Projekts.
2. Führe den Befehl `go mod init <modulname>` aus, um ein neues Modul zu initialisieren:

```
go mod init github.com/deinname/deinprojekt
```

Go erstellt automatisch eine `go.mod`-Datei, die alle Abhängigkeiten und Metadaten des Projekts speichert.

2.3.2 Verzeichnisstruktur für Go-Projekte

Eine typische Go-Projektstruktur sieht in etwa so aus:

```
├── bin/                    # Kompilierte Binärdateien
(optional)
```

9

```
├── cmd/                    # Hauptanwendungen des
Projekts

│    └── appname/    # Anwendung mit main.go

├── pkg/                    # Bibliothekscode für die
Nutzung durch Dritte

├── internal/          # Interner Code, der nicht
exportiert wird

├── api/                        # API-Definitionen,
Protokolldateien (gRPC, etc.)

├── web/                # Web-bezogene Assets (HTML,
CSS, JS)

├── scripts/        # Nützliche Skripte für DevOps
und CI/CD

├── go.mod                         # Modul- und
Abhängigkeitsdefinition

└── go.sum           # Abhängigkeitsversionen
```

Diese Struktur hilft, die verschiedenen Bestandteile des Projekts sauber zu trennen und macht es einfacher, komplexe Anwendungen zu organisieren.

3. Grundlegende Sprachkonzepte

In diesem Kapitel werden wir uns die grundlegenden Konzepte der Go-Programmiersprache anschauen. Auch wenn du bereits Erfahrung mit anderen Programmiersprachen hast, wird dir Go durch seine Einfachheit und seinen klaren Syntax auffallen. Wir beginnen mit den fundamentalen Bausteinen: Datentypen, Funktionen und Kontrollstrukturen.

3.1 Datentypen und Variablen

3.1.1 Variablen deklarieren

In Go gibt es mehrere Möglichkeiten, Variablen zu deklarieren. Du kannst entweder explizit den Typ angeben oder eine implizite Typinferenz verwenden.

Explizite Deklaration:

```
var x int

var y string
```

Initialisierung mit Wert:

```
var x int = 42

var y string = "Hallo, Go!"
```

Kurze Deklaration mit Typinferenz:

Go erkennt den Typ automatisch anhand des zugewiesenen Werts.

```
x := 42

y := "Hallo, Go!"
```

3.1.2 Primitive Datentypen

Go bietet eine Reihe von eingebauten primitiven Datentypen:

- **Ganzzahlen**:
  - `int`, `int8`, `int16`, `int32`, `int64` (Vorzeichenbehaftete Ganzzahlen)
  - `uint`, `uint8`, `uint16`, `uint32`, `uint64` (Unsignierte Ganzzahlen)
  - Typische Wahl: `int`, da sie die Standard-Ganzzahl auf der jeweiligen Plattform darstellt.
- **Fließkommazahlen**:
  - `float32`, `float64`
- **Boolean**:
  - `bool` (Werte: `true` oder `false`)
- **Zeichenketten**:
  - `string` (UTF-8-kodierte Zeichenkette)

3.1.3 Komplexere Datentypen

Go bietet zusätzlich einige komplexere Datentypen, die in der täglichen Programmierung oft verwendet werden:

Arrays:

```
var a [5]int // Array mit fünf Ganzzahlen
a[0] = 1
```

Slices:

Anders als Arrays haben Slices eine flexible Länge und sind in Go der bevorzugte Weg, um mit Listen zu arbeiten.

```
s := []int{1, 2, 3, 4, 5}
s = append(s, 6)
```

Maps:

Ein Map ist eine Sammlung von Schlüssel-Wert-Paaren.

```
m := make(map[string]int)

m["Apfel"] = 5

fmt.Println(m["Apfel"])
```

3.2 Funktionen und Methoden

Funktionen sind das Herzstück jeder Programmiersprache, und in Go sind sie besonders flexibel gestaltet.

3.2.1 Funktionen definieren und aufrufen

In Go definierst du eine Funktion mit dem Schlüsselwort func:

```
func add(a int, b int) int {

    return a + b

}
```

Aufrufen kannst du die Funktion einfach so:

```
result := add(3, 4)

fmt.Println(result) // Ausgabe: 7
```

3.2.2 Mehrere Rückgabewerte

Eine Besonderheit von Go ist die Möglichkeit, dass Funktionen mehrere Rückgabewerte haben:

```go
func divide(a, b int) (int, error) {

    if b == 0 {

        return 0, fmt.Errorf("division by zero")

    }

    return a / b, nil

}
```

Der Aufruf könnte dann wie folgt aussehen:

```go
result, err := divide(10, 2)

if err != nil {

    fmt.Println("Fehler:", err)

} else {

    fmt.Println("Ergebnis:", result)

}
```

3.2.3 Methoden an Typen

In Go können Funktionen auch als Methoden an bestimmte Typen gebunden werden. Dazu definierst du eine Methode an einem bestimmten Typ (z. B. einem Struct):

```go
type Rectangle struct {

    width, height int

}
```

```
func (r Rectangle) Area() int {

    return r.width * r.height

}
```

Du kannst dann die Methode aufrufen:

```
rect := Rectangle{10, 5}

fmt.Println("Fläche:", rect.Area())  // Ausgabe:
Fläche: 50
```

3.3 Kontrollstrukturen

3.3.1 If/Else

Die if- und else-Anweisungen funktionieren in Go ähnlich wie in den meisten anderen Programmiersprachen, allerdings ohne Klammern um die Bedingung:

```
if x := 10; x > 5 {

    fmt.Println("x ist größer als 5")

} else {

    fmt.Println("x ist kleiner oder gleich 5")

}
```

3.3.2 For-Schleifen

Interessanterweise hat Go nur eine Schleifenstruktur: die for-Schleife. Andere Schleifentypen wie while gibt es nicht, aber man kann sie mit der for-Schleife nachbilden.

Einfache for-Schleife:

```go
for i := 0; i < 5; i++ {

    fmt.Println(i)

}
```

Schleife über ein Slice:

```go
nums := []int{2, 4, 6, 8}

for index, value := range nums {
    fmt.Println(index, value)

}
```

Endlosschleife:

```go
for {

    fmt.Println("Unendliche Schleife")

}
```

3.3.3 Switch

switch in Go ist besonders flexibel und kann nicht nur zur Fallunterscheidung von Ganzzahlen verwendet werden, sondern auch für Strings und andere Datentypen:

```go
day := "Montag"

switch day {

case "Montag":

    fmt.Println("Wochenbeginn")

case "Freitag":

    fmt.Println("Wochenende naht")

default:

    fmt.Println("Mittendrin")

}
```

Switch ohne Bedingung:

Go erlaubt es auch, switch ohne Bedingung zu verwenden, was wie eine Kette von if/else-Anweisungen funktioniert:

```go
switch {

case x < 0:

    fmt.Println("Negativ")

case x == 0:
```

```
    fmt.Println("Null")

default:

    fmt.Println("Positiv")

}
```

3.4 Zeiger und Referenzen

Go bietet explizite Unterstützung für Zeiger, was bedeutet, dass du auf die Speicheradresse einer Variablen zugreifen kannst. Dies ist besonders nützlich, wenn du große Datenstrukturen vermeiden möchtest, indem du sie per Referenz weitergibst, statt sie zu kopieren.

3.4.1 Zeiger deklarieren

Ein Zeiger zeigt auf die Speicheradresse einer Variable. Du verwendest das &-Symbol, um die Adresse einer Variablen zu erhalten, und das *-Symbol, um auf den Wert zuzugreifen, der an dieser Adresse gespeichert ist:

```
x := 42

p := &x      // p ist ein Zeiger auf x

fmt.Println(*p) // Ausgabe: 42
```

3.4.2 Funktionen mit Zeigern

Wenn du eine Funktion schreibst, die einen Zeiger als Parameter annimmt, kannst du den Wert, auf den der Zeiger zeigt, innerhalb der Funktion ändern:

```go
func increment(x *int) {

    *x = *x + 1

}

x := 5
increment(&x)
fmt.Println(x)  // Ausgabe: 6
```

4. Fortgeschrittene Konzepte

Nachdem du nun die grundlegenden Konzepte der Go-Programmiersprache kennst, ist es an der Zeit, einige fortgeschrittenere Features zu erlernen. Diese erweiterten Konzepte ermöglichen es dir, leistungsfähige und skalierbare Anwendungen zu schreiben. In diesem Kapitel werden wir uns tiefer mit Concurrency, Fehlerbehandlung und Interfaces auseinandersetzen.

4.1 Concurrency in Go

Eines der herausragenden Merkmale von Go ist seine native Unterstützung für Concurrency. Go wurde mit der Idee entwickelt, dass parallele Prozesse einfach und effizient ausgeführt werden können. Die wichtigsten Konzepte in Go zur Implementierung von Concurrency sind Goroutinen und Channels.

4.1.1 Goroutinen

Eine **Goroutine** ist ein leichtgewichtiger Thread in Go. Du kannst eine Goroutine mit dem Schlüsselwort go starten. Jede Goroutine wird in einem eigenen Ausführungsstrang gestartet, was bedeutet, dass mehrere Goroutinen parallel ausgeführt werden können.

Hier ein einfaches Beispiel:

```
func sayHello() {

    fmt.Println("Hallo, Go!")

}

func main() {

    go sayHello()   // Starte die Goroutine

    fmt.Println("Dies passiert im Hauptprogramm")

}
```

Im obigen Beispiel startet die Funktion sayHello als Goroutine, die parallel zur Hauptfunktion main läuft. Da Goroutinen asynchron sind, wird die Hauptfunktion möglicherweise abgeschlossen, bevor die Goroutine ihre Arbeit beendet hat. Aus diesem Grund verwenden wir oft Synchronisationsmechanismen wie sync.WaitGroup, um sicherzustellen, dass alle Goroutinen beendet sind, bevor das Hauptprogramm endet.

4.1.2 Channels

Channels sind Go's Mechanismus, um Goroutinen sicher miteinander kommunizieren zu lassen. Channels ermöglichen das

Senden und Empfangen von Daten zwischen Goroutinen. Sie bieten einen sicheren Weg, Daten zu teilen und gleichzeitig Daten-Rennen zu vermeiden.

Ein einfaches Beispiel für einen Channel:

```go
func printNumbers(c chan int) {

    for i := 1; i <= 5; i++ {
        c <- i  // Sende i an den Channel
    }

    close(c)   // Schließe den Channel

}

func main() {

    numbers := make(chan int)
    go printNumbers(numbers)   // Starte Goroutine

    // Empfange Daten vom Channel
    for num := range numbers {
        fmt.Println(num)

    }

}
```

Hier startet die Goroutine printNumbers, die Zahlen über den Channel numbers sendet. Im Hauptprogramm lesen wir die Zahlen und geben sie aus.

4.1.3 Select-Anweisung

In Go kannst du mit der **select**-Anweisung mehrere Channels gleichzeitig überwachen und auf das Eintreffen von Nachrichten reagieren. Das ist besonders nützlich, wenn du mit mehreren Channels arbeitest und auf Ereignisse aus verschiedenen Quellen reagieren möchtest.

```
func main() {

    ch1 := make(chan string)

    ch2 := make(chan string)


    go func() {

        ch1 <- "Erste Nachricht"

    }()


    go func() {

        ch2 <- "Zweite Nachricht"

    }()


    select {

    case msg1 := <-ch1:

        fmt.Println("Nachricht von ch1:", msg1)
```

```
    case msg2 := <-ch2:

        fmt.Println("Nachricht von ch2:", msg2)

    }
}
```

Mit der select-Anweisung überprüfst du beide Channels, und sobald eine Nachricht auf einem Channel ankommt, wird der entsprechende Fall ausgeführt.

4.2 Fehlerbehandlung

Go hat keinen klassischen try-catch-Mechanismus wie viele andere Programmiersprachen. Stattdessen wird in Go auf die Funktion **error** gesetzt, um Fehler zu behandeln. Fehler sind normale Rückgabewerte von Funktionen und erlauben es, fehlerhafte Bedingungen explizit zu behandeln.

4.2.1 Fehler als Rückgabewert

Eine typische Go-Funktion, die einen Fehler zurückgeben könnte, sieht folgendermaßen aus:

```
func divide(a, b int) (int, error) {

    if b == 0 {

            return 0, fmt.Errorf("division durch
null")
    }
    return a / b, nil
}
```

Im Aufruf der Funktion überprüfst du den Fehler wie folgt:

```
result, err := divide(10, 0)

if err != nil {

    fmt.Println("Fehler:", err)

} else {

    fmt.Println("Ergebnis:", result)

}
```

4.2.2 Eigene Fehlerdefinitionen

Go erlaubt es dir, eigene Fehlertypen zu definieren, indem du das error-Interface implementierst. Das kann nützlich sein, wenn du spezifische Fehlertypen in deinem Programm behandeln möchtest.

```
type MyError struct {

    message string

}

func (e *MyError) Error() string {

    return e.message
}

func doSomething() error {

    return &MyError{message: "Etwas ist
schiefgelaufen"}

}
```

Im obigen Beispiel definieren wir eine eigene Fehlerstruktur, die das error-Interface implementiert.

4.2.3 Panics und Recover

In Go kannst du mit der Funktion panic eine Laufzeit-Fehlerbedingung auslösen. Panics sollten jedoch sparsam eingesetzt werden, da sie dazu führen, dass das Programm sofort abgebrochen wird, es sei denn, der Fehler wird mit recover abgefangen.

```go
func riskyOperation() {

    defer func() {

        if r := recover(); r != nil {
            fmt.Println("Ein Fehler wurde
abgefangen:", r)
}

    }()    panic("Unerwarteter Fehler!")

}
```

Hier wird die panic-Funktion ausgelöst, aber recover fängt den Fehler ab, bevor das Programm abstürzt.

4.3 Interfaces und Polymorphismus

Interfaces spielen eine zentrale Rolle in Go. Sie definieren eine Sammlung von Methoden, die ein Typ implementieren muss. Go's Interfaces sind implizit, was bedeutet, dass ein Typ automatisch ein Interface implementiert, wenn alle Methoden des Interfaces vorhanden sind.

4.3.1 Definition eines Interfaces

Ein Interface wird in Go folgendermaßen definiert:

```
type Speaker interface {

    Speak() string

}
```

Jeder Typ, der eine Methode Speak hat, implementiert dieses Interface automatisch.

4.3.2 Implementierung eines Interfaces

Lassen wir zwei verschiedene Strukturen das Speaker-Interface implementieren:

```
type Dog struct {
    name string
}

func (d Dog) Speak() string {
    return "Wuff"
}

type Cat struct {
    name string
}

func (c Cat) Speak() string {
    return "Miau"
}
```

Da sowohl Dog als auch Cat die Methode Speak implementieren, können beide als Speaker verwendet werden.

4.3.3 Verwendung eines Interfaces

Interfaces bieten die Möglichkeit, verschiedene Typen auf dieselbe Weise zu behandeln:

```go
func announce(s Speaker) {

    fmt.Println(s.Speak())

}

func main() {

    dog := Dog{name: "Bello"}

    cat := Cat{name: "Minka"}

    announce(dog)

    announce(cat)

}
```

Hier können sowohl der Hund als auch die Katze als Speaker an die Funktion announce übergeben werden, obwohl sie unterschiedliche Typen sind.

4.3.4 Leere Interfaces und Typenassertionen

Das **leere Interface** (`interface{}`) kann verwendet werden, um jeden Typ zu speichern, da in Go jeder Typ implizit das leere Interface implementiert.

```
var i interface{}

i = "Ein String"

fmt.Println(i)

i = 42

fmt.Println(i)
```

Um den ursprünglichen Typ eines Werts wiederherzustellen, verwendest du **Typenassertionen**:

```
if str, ok := i.(string); ok {

    fmt.Println("Es ist ein String:", str)

} else {

    fmt.Println("Es ist kein String")

}
```

4.4 Structs und Methoden

Structs sind die primäre Methode zur Gruppierung von Daten in Go. Mit Structs lassen sich komplexere Datentypen definieren, die Attribute und Methoden beinhalten können.

4.4.1 Structs definieren und verwenden

Structs werden ähnlich wie Klassen in anderen Sprachen verwendet, allerdings ohne Vererbung.

```
type Person struct {

    Name string

    Age    int

}


func main() {

    p := Person{Name: "Max", Age: 25}

    fmt.Println(p.Name, p.Age)

}
```

4.4.2 Methoden an Structs

Wie bereits in Kapitel 3 erwähnt, kannst du Methoden an Structs definieren:

```
func (p Person) Greet() {

    fmt.Printf("Hallo, ich bin %s und bin %d Jahre
alt.\n", p.Name, p.Age)

}
```

Du kannst dann die Methode für eine Instanz des Structs aufrufen:

```
p := Person{Name: "Max", Age: 25}

p.Greet()
```

5. Arbeiten mit Bibliotheken und Modulen

In diesem Kapitel beschäftigen wir uns mit der Verwendung von Bibliotheken und dem Go-Modulsystem. Eine der großen Stärken von Go ist seine einfache, aber leistungsstarke Verwaltung von Abhängigkeiten. Du wirst lernen, wie du externe Bibliotheken einbindest, wie das Modulsystem funktioniert und wie du eigene Pakete und Module erstellst.

5.1 Go-Module

Go-Module sind das Standardwerkzeug zur Verwaltung von Abhängigkeiten in Go. Sie ermöglichen es dir, externe Bibliotheken in deinem Projekt zu verwenden und deine eigenen Bibliotheken mit anderen zu teilen. Go verwendet ein zentrales Modul-Verzeichnis (GOPATH) und das Go-Proxy-System, um Bibliotheken effizient zu verwalten.

5.1.1 Initialisierung eines neuen Go-Moduls

Um ein neues Modul zu starten, kannst du das Kommando go mod init verwenden. Dies erstellt eine go.mod-Datei, die das Herzstück deines Projekts darstellt und Informationen über deine Abhängigkeiten enthält.

```
go mod init github.com/username/projektname
```

Beispielhafte go.mod-Datei:

```
module github.com/username/projektname

go 1.20
```

Diese Datei zeigt an, dass das Modul github.com/username/projektname heißt und für Go Version 1.20 geschrieben wurde.

5.1.2 Hinzufügen externer Abhängigkeiten

Um eine externe Bibliothek zu deinem Projekt hinzuzufügen, verwendest du den Befehl go get. Zum Beispiel kannst du die Bibliothek gorilla/mux für HTTP-Routing folgendermaßen hinzufügen:

```
go get github.com/gorilla/mux
```

Dies wird die Bibliothek herunterladen und in deiner go.mod-Datei vermerken. Du kannst sie dann in deinem Code verwenden:

```
import (

    "github.com/gorilla/mux"

)
```

5.1.3 Verwalten von Abhängigkeiten

Die go.mod-Datei listet alle Abhängigkeiten deines Projekts auf, während die go.sum-Datei Hashes und Versionen deiner Abhängigkeiten enthält, um sicherzustellen, dass immer dieselbe Version verwendet wird. Go handhabt Versionskonflikte automatisch und sorgt dafür, dass stets kompatible Versionen von Bibliotheken verwendet werden.

Um veraltete oder unbenutzte Abhängigkeiten zu entfernen, kannst du den Befehl go mod tidy verwenden:

```
go mod tidy
```

5.2 Arbeiten mit externen Bibliotheken

Die Go-Community bietet eine Vielzahl an Bibliotheken für fast jedes denkbare Problem. Diese Bibliotheken findest du entweder auf Plattformen wie GitHub oder über den offiziellen Go-Proxy.

5.2.1 Nützliche Go-Bibliotheken

Hier sind einige gängige Bibliotheken, die häufig in Go-Projekten verwendet werden:

- **HTTP-Routing und Middleware**:
  - `github.com/gorilla/mux`:   Ein   flexibles HTTP-Routing-Framework.
  - `github.com/gin-gonic/gin`: Ein leistungsstarkes Web-Framework für Go.
- **Datenbanken**:
  - `github.com/jmoiron/sqlx`: Erweiterungen für die standardmäßige `database/sql`-Bibliothek.
  - `gorm.io/gorm`: Ein ORM (Object Relational Mapping) für Go.
- **JSON-Verarbeitung**:
  - Go bietet bereits ein eingebautes Paket `encoding/json`, das leistungsfähig und effizient ist.
  - Für erweiterte Funktionen gibt es Pakete wie `github.com/json-iterator/go`.

5.2.2 Externe Bibliotheken in deinem Code verwenden

Sobald du eine Bibliothek mit `go get` installiert hast, kannst du sie in deinem Go-Code verwenden, indem du sie importierst. Hier ein

Beispiel mit der gorilla/mux-Bibliothek, um eine einfache HTTP-Routing-Lösung zu erstellen:

```go
package main

import (

    "fmt"

    "net/http"

    "github.com/gorilla/mux"

)

func homeHandler(w http.ResponseWriter, r
*http.Request) {

    fmt.Fprintln(w, "Willkommen auf der
Startseite!")

}

func main() {

    r := mux.NewRouter()

    r.HandleFunc("/", homeHandler)

    http.ListenAndServe(":8080", r)

}
```

Dieses einfache Beispiel zeigt, wie du eine externe Bibliothek in dein Projekt einbindest und verwendest, um eine HTTP-Route zu definieren.

5.3 Erstellen und Veröffentlichen von Go-Modulen

Go macht es dir leicht, eigene Module zu erstellen und mit anderen Entwicklern zu teilen. Du kannst eigene Bibliotheken schreiben, die von anderen Projekten verwendet werden können. Diese Bibliotheken können über Plattformen wie GitHub veröffentlicht und von der Go-Community genutzt werden.

5.3.1 Strukturierung deines Moduls

Die typische Struktur eines Go-Projekts besteht aus mehreren Dateien, die in Pakete unterteilt sind. Jedes Paket ist ein Verzeichnis, das eine oder mehrere Go-Dateien enthält.

Beispielstruktur:

```
/projektname

  /pkg

    /modul1

    modul1.go

  /cmd

    main.go
go.mod
```

- **/pkg**: Enthält die modularen Komponenten deiner Anwendung.
- **/cmd**: Hier wird der Hauptteil deiner Anwendung definiert.

34

5.3.2 Ein eigenes Paket erstellen

Nehmen wir an, du möchtest ein einfaches Paket erstellen, das mathematische Funktionen bereitstellt. Du legst eine neue Datei mathutils.go in einem Verzeichnis mathutils an.

```go
// mathutils/mathutils.go

package mathutils

// Addiert zwei Zahlen und gibt das Ergebnis
zurück.

func Add(a, b int) int {

    return a + b

}
```

In deiner Hauptanwendung kannst du dieses Paket dann importieren und verwenden:

```go
package main

import (

    "fmt"

    "github.com/username/projektname/mathutils"

)

func main() {
    result := mathutils.Add(3, 4)
    fmt.Println("Ergebnis:", result)
}
```

5.3.3 Veröffentlichen deines Moduls

Um dein Modul für die Go-Community verfügbar zu machen, kannst du es auf Plattformen wie GitHub hosten. Sobald dein Code auf GitHub verfügbar ist, können andere Entwickler dein Modul mit go get installieren:

1. Lade deinen Code in ein öffentliches Repository auf GitHub hoch.
2. Andere Entwickler können dein Modul installieren, indem sie den folgenden Befehl ausführen:

```
go get github.com/username/projektname
```

Sobald dies geschehen ist, wird dein Modul in deren Projekte integriert, und sie können es wie jede andere Bibliothek verwenden.

5.3.4 Versionierung deines Moduls

Go unterstützt semantische Versionierung (SemVer), um sicherzustellen, dass Benutzer deines Moduls klar erkennen können, welche Änderungen rückwärtskompatibel sind und welche nicht. Eine typische Versionierungsstruktur sieht so aus:

- **Patch-Versionen (z. B. v1.0.1)**: Beinhaltet kleine Bugfixes, die keine API-Änderungen mit sich bringen.
- **Minor-Versionen (z. B. v1.1.0)**: Neue Features, aber rückwärtskompatibel.
- **Major-Versionen (z. B. v2.0.0)**: Bricht die Rückwärtskompatibilität und führt größere Änderungen ein.

Beim Erstellen neuer Versionen kannst du Git-Tags verwenden, um diese zu kennzeichnen:

```
git tag v1.0.0
git push origin v1.0.0
```

5.4 Arbeiten mit dem go-Befehl

Der go-Befehl bietet dir eine Reihe von nützlichen Funktionen, um deine Module und Bibliotheken zu verwalten.

5.4.1 go build

Mit dem go build-Befehl kannst du dein Go-Programm kompilieren:

```
go build
```

Dies erstellt eine ausführbare Datei in deinem aktuellen Verzeichnis. Du kannst auch ein bestimmtes Verzeichnis oder eine Go-Datei angeben:

```
go build ./cmd/main.go
```

5.4.2 go test

Go enthält ein leistungsstarkes Testsystem. Mit dem Befehl go test kannst du Tests ausführen, die du für dein Projekt geschrieben hast:

```
go test ./...
```

Dies führt Tests in allen Unterverzeichnissen aus.

5.4.3 go run

Mit dem Befehl go run kannst du ein Go-Programm direkt ausführen, ohne es zuerst zu kompilieren:

```
go run main.go
```

Dieser Befehl ist besonders nützlich während der Entwicklung, um schnelle Testläufe durchzuführen.

5.5 Best Practices beim Arbeiten mit Bibliotheken

5.5.1 Semantische Versionierung beachten

Wenn du externe Bibliotheken verwendest oder deine eigenen Bibliotheken veröffentlichst, ist es wichtig, die Regeln der semantischen Versionierung zu beachten. Verwende Major-Versionen für API-Änderungen, die nicht abwärtskompatibel sind, und Minor-Versionen für neue Funktionen, die keine bestehenden Funktionen beeinflussen.

5.5.2 Weniger Abhängigkeiten

Vermeide es, unnötig viele Abhängigkeiten in dein Projekt einzubinden. Jede zusätzliche Abhängigkeit erhöht die Komplexität und kann zukünftige Probleme verursachen, wenn Bibliotheken veraltet sind oder nicht mehr unterstützt werden.

5.5.3 Dokumentation

Achte darauf, deine eigenen Pakete gut zu dokumentieren. Verwende Kommentare, um Funktionen, Parameter und Rückgabewerte klar zu erklären. Go verwendet godoc, um automatisch Dokumentationen aus Kommentaren zu generieren, was es für andere Entwickler einfacher macht, dein Modul zu verstehen.

6. Arbeiten mit Datenbanken

In diesem Kapitel wirst du lernen, wie du Go in Verbindung mit Datenbanken nutzt. Datenbanken spielen in den meisten Anwendungen eine zentrale Rolle, da sie die Daten persistent speichern und die Grundlage für datengetriebene Anwendungen bieten. Wir werden sowohl die Verwendung von SQL-basierten Datenbanken als auch die Arbeit mit NoSQL-Datenbanken behandeln. Außerdem schauen wir uns einige gängige Bibliotheken an, die den Umgang mit Datenbanken in Go erleichtern.

6.1 SQL-Datenbanken in Go

SQL (Structured Query Language) ist der Standard zur Interaktion mit relationalen Datenbanken. Relationale Datenbanken wie MySQL, PostgreSQL und SQLite speichern Daten in Tabellen und verwenden SQL zum Erstellen, Bearbeiten und Abrufen von Daten.

6.1.1 Einrichtung einer SQL-Datenbank

Um in Go mit einer SQL-Datenbank zu arbeiten, benötigst du zunächst die passende Datenbank-Software und ein Go-Paket zur Kommunikation mit dieser. Die Bibliothek database/sql ist das Standardpaket in Go, um mit SQL-Datenbanken zu arbeiten.

Zusätzlich zu database/sql benötigst du einen speziellen Treiber für deine Datenbank, z. B.:

- MySQL: github.com/go-sql-driver/mysql
- PostgreSQL: github.com/lib/pq
- SQLite: github.com/mattn/go-sqlite3

Hier ein Beispiel für die Verbindung zu einer MySQL-Datenbank:

```go
import (

    "database/sql"

    _ "github.com/go-sql-driver/mysql"

    "log"
)


func main() {
    // Verbindungs-String zur Datenbank
    dsn := "user:password@tcp(127.0.0.1:3306)/dbname"


    // Datenbankverbindung öffnen
    db, err := sql.Open("mysql", dsn)
    if err != nil {

        log.Fatal(err)

    }

    defer db.Close()

    // Testen der Verbindung

    err = db.Ping()
```

```
    if err != nil {

        log.Fatal(err)

    }

    log.Println("Verbindung erfolgreich!")

}
```

In diesem Beispiel wird eine Verbindung zu einer MySQL-Datenbank hergestellt. Der Data Source Name (DSN) enthält den Benutzer, das Passwort, die Adresse des Servers und den Datenbanknamen.

6.1.2 SQL-Abfragen ausführen

Sobald die Verbindung zur Datenbank hergestellt ist, kannst du SQL-Abfragen ausführen. Go bietet zwei Hauptmethoden zum Ausführen von Abfragen: **Exec** für Änderungen und **Query** für Abfragen, die Daten zurückgeben.

Ein Beispiel für das Einfügen eines neuen Eintrags:

```
query := "INSERT INTO users (name, email) VALUES (?,
?)"

_, err := db.Exec(query, "Max Mustermann",
"max@beispiel.de")

if err != nil {

    log.Fatal(err)

}
```

Für das Abrufen von Daten wird die **Query**-Methode verwendet:

```
query := "SELECT id, name, email FROM users WHERE id =
?"

row := db.QueryRow(query, 1)


var id int

var name, email string

err := row.Scan(&id, &name, &email)

if err != nil {

    log.Fatal(err)

}



log.Printf("ID: %d, Name: %s, Email: %s\n", id, name,
email)
```

6.1.3 Transaktionen

Wenn du mehrere SQL-Befehle ausführen musst, die entweder vollständig ausgeführt oder vollständig abgebrochen werden sollen, kannst du in Go Transaktionen verwenden. Dies sorgt dafür, dass deine Datenbankkonsistenz gewährleistet bleibt, auch wenn ein Fehler auftritt.

Ein einfaches Beispiel für eine Transaktion:

```
tx, err := db.Begin()

if err != nil {

    log.Fatal(err)

}

_, err = tx.Exec("UPDATE accounts SET balance = balance
- 100 WHERE id = ?", 1)

if err != nil {

    tx.Rollback()

    log.Fatal(err)

}

_, err = tx.Exec("UPDATE accounts SET balance = balance
+ 100 WHERE id = ?", 2)

if err != nil {

    tx.Rollback()

    log.Fatal(err)

}

err = tx.Commit()

if err != nil {

    log.Fatal(err)

}
```

Hier wird eine Transaktion gestartet, zwei Updates ausgeführt, und falls beide erfolgreich sind, wird die Transaktion mit `Commit` abgeschlossen. Bei einem Fehler wird die Transaktion mit `Rollback` zurückgesetzt.

6.2 ORM (Object Relational Mapping) in Go

Go bietet viele Optionen, um SQL-Anfragen direkt auszuführen. Allerdings kann der Umgang mit SQL in komplexen Projekten mühsam werden, vor allem bei häufigen Operationen wie Insert, Update und Delete. Hier kommen ORMs ins Spiel.

ORMs ermöglichen es dir, SQL-Datenbanken zu verwenden, ohne direkt SQL schreiben zu müssen. Die Datenbank-Tabellen werden als Go-Structs modelliert, und du kannst diese Strukturen nutzen, um Datensätze zu erstellen, zu bearbeiten und zu löschen.

6.2.1 GORM

Eine der beliebtesten ORM-Bibliotheken in Go ist **GORM**. Mit GORM kannst du Datenbankoperationen effizienter und lesbarer gestalten.

Installiere GORM mit folgendem Befehl:

```
go get -u gorm.io/gorm

go get -u gorm.io/driver/mysql
```

Verwendung von GORM mit einer MySQL-Datenbank:

```
import (

    "gorm.io/driver/mysql"
```

```
    "gorm.io/gorm"
)


type User struct {

    ID    uint    `gorm:"primaryKey"`

    Name  string

    Email string

}


func main() {

    dsn := "user:password@tcp(127.0.0.1:3306)/dbname"

    db, err := gorm.Open(mysql.Open(dsn),
&gorm.Config{})

    if err != nil {

        log.Fatal(err)

    }


    // Automatische Migration

    db.AutoMigrate(&User{})
```

```
    // Ein neuer Datensatz

    db.Create(&User{Name: "Max Mustermann", Email:
"max@beispiel.de"})

}
```

GORM macht es einfach, mit Datenbanken zu arbeiten, da es
SQL-Operationen abstrahiert und die Komplexität reduziert. Im
obigen Beispiel wird die Tabelle `users` automatisch angelegt, und
ein neuer Benutzer hinzugefügt.

6.2.2 Vor- und Nachteile von ORMs

Vorteile:

- Reduzierung von Boilerplate-Code.
- Automatisches Mapping von Go-Strukturen auf
  Datenbanktabellen.
- Vereinfachung von komplexen SQL-Operationen.

Nachteile:

- Kann bei komplexen SQL-Abfragen langsamer sein als reine
  SQL-Lösungen.
- Erhöht die Abstraktionsschicht, was das Debugging
  erschweren kann.

6.3 NoSQL-Datenbanken in Go

Neben SQL-Datenbanken gibt es auch NoSQL-Datenbanken, die
flexiblere Datenspeicherlösungen bieten. NoSQL-Datenbanken
speichern Daten oft in Form von JSON-ähnlichen Dokumenten,

Schlüssel-Wert-Paaren oder Graphen und sind besonders gut für große, verteilte Systeme geeignet.

6.3.1 MongoDB

MongoDB ist eine weit verbreitete NoSQL-Datenbank, die Daten in flexiblen, JSON-ähnlichen Dokumenten speichert. Die offizielle MongoDB-Bibliothek für Go ist **go.mongodb.org/mongo-driver**.

Installation des MongoDB-Treibers:

```
go get go.mongodb.org/mongo-driver/mongo
```

Hier ist ein einfaches Beispiel, um eine Verbindung zu MongoDB herzustellen und ein Dokument in eine Sammlung einzufügen:

```
import (

    "context"

    "go.mongodb.org/mongo-driver/mongo"

    "go.mongodb.org/mongo-driver/mongo/options"

    "log"

)

type User struct {

    Name    string

    Email string

}

func main() {
```

```go
    // MongoDB-Verbindung herstellen

    clientOptions :=
options.Client().ApplyURI("mongodb://localhost:27017")

    client, err := mongo.Connect(context.TODO(),
clientOptions)

    if err != nil {

        log.Fatal(err)

    }

    defer client.Disconnect(context.TODO())


    // Sammlung auswählen

    collection :=
client.Database("testdb").Collection("users")


    // Einfügen eines Dokuments

    user := User{Name: "Max Mustermann", Email:
"max@beispiel.de"}

    _, err = collection.InsertOne(context.TODO(), user)

    if err != nil {

        log.Fatal(err)
    }
```

```
    log.Println("Dokument eingefügt")
}
```

MongoDB eignet sich gut für unstrukturierte oder semi-strukturierte Daten, da es keine strikten Schemata erfordert.

6.3.2 Redis

Redis ist eine In-Memory-Datenbank, die sich besonders gut für Caching, Session-Management oder schnelle Datenzugriffe eignet. Um Redis in Go zu verwenden, installiere den Go-Client:

```
go get github.com/go-redis/redis/v8
```

Beispiel für die Arbeit mit Redis:

```
import (

    "context"

    "github.com/go-redis/redis/v8"

    "log"

)


var ctx = context.Background()


func main() {

    rdb := redis.NewClient(&redis.Options{
```

```go
        Addr: "localhost:6379",
    })

    // Setzen eines Wertes
    err := rdb.Set(ctx, "key", "value", 0).Err()
    if err != nil {
        log.Fatal(err)
    }


    // Abrufen eines Wertes
    val, err := rdb.Get(ctx, "key").Result()
    if err != nil {
        log.Fatal(err)
    }
    log.Println("Wert:", val)
}
```

Redis ist besonders nützlich, wenn es auf Geschwindigkeit ankommt, da alle Daten im Arbeitsspeicher gehalten werden.

6.4 Best Practices für Datenbankinteraktionen

Beim Arbeiten mit Datenbanken ist es wichtig, bestimmte Best Practices zu befolgen, um Performance, Sicherheit und Wartbarkeit zu gewährleisten.

6.4.1 Sicherheit

Verwende sichere Verbindungen zu Datenbanken, insbesondere bei der Übertragung sensibler Daten. TLS und verschlüsselte Passwörter sollten Standard sein.

6.4.2 Fehlerbehandlung

Stelle sicher, dass alle Datenbankoperationen auf Fehler überprüft werden. Fehlerhafte Abfragen oder Verbindungen sollten immer ordnungsgemäß behandelt werden.

6.4.3 Performanceoptimierung

Überlege dir, wie du Abfragen optimieren kannst, indem du Indizes verwendest, Caching implementierst und unnötige Datenbankaufrufe vermeidest.

6.4.4 Transaktionen und Konsistenz

Verwende Transaktionen für komplexe Operationen, die mehrere Schritte umfassen, um sicherzustellen, dass die Datenbank in einem konsistenten Zustand bleibt.

7. Web-Entwicklung mit Go

Go (Golang) ist eine hervorragende Wahl für die Entwicklung von Webanwendungen, da es eine hohe Performance, einfache Parallelität und eine gut strukturierte Standardbibliothek bietet. In diesem Kapitel werden wir uns mit der Web-Entwicklung in Go beschäftigen und die Grundlagen des Erstellens von HTTP-Servern, das Routing, Middleware und die Nutzung von Templates behandeln.

7.1 Ein einfacher HTTP-Server

Go bietet mit dem **net/http**-Paket eine leistungsfähige Standardbibliothek für die Erstellung von HTTP-Servern. Beginnen wir mit einem einfachen Beispiel, wie du einen HTTP-Server in Go startest:

```go
package main

import (

    "fmt"

    "log"

    "net/http"

)

func handler(w http.ResponseWriter, r *http.Request) {

    fmt.Fprintf(w, "Willkommen bei meiner ersten
Go-Webanwendung!")

}



func main() {

    http.HandleFunc("/", handler)

    log.Println("Server läuft auf
http://localhost:8080")

    log.Fatal(http.ListenAndServe(":8080", nil))

}
```

In diesem Beispiel:

- **http.HandleFunc**: Registriert einen Handler für den Root-Pfad (/).
- **http.ListenAndServe**: Startet den HTTP-Server auf Port 8080.
- **handler**: Die Funktion, die aufgerufen wird, wenn eine Anfrage an den Root-Pfad gestellt wird. Sie schreibt eine einfache Willkommensnachricht in den HTTP-Response.

7.2 Routing

Für komplexere Webanwendungen benötigen wir ein flexibles und leistungsfähiges Routing-System, um unterschiedliche Endpunkte und Routen zu verwalten. Während die Standardbibliothek grundlegendes Routing ermöglicht, gibt es viele leistungsfähige externe Bibliotheken, die das Routing einfacher und flexibler machen. Eine der bekanntesten ist **Gorilla Mux**.

7.2.1 Einführung in Gorilla Mux

Gorilla Mux ist ein sehr beliebtes Routing-Toolkit für Go, das es ermöglicht, komplexere Routen zu definieren, einschließlich benannter Parameter und Routenprioritäten.

Installation von Gorilla Mux:

```
go get -u github.com/gorilla/mux
```

Ein Beispiel für die Verwendung von Gorilla Mux:

```go
package main

import (
    "fmt"
    "log"
    "net/http"
    "github.com/gorilla/mux"
)

func homeHandler(w http.ResponseWriter, r
*http.Request) {

    fmt.Fprintf(w, "Willkommen auf der Startseite!")

}

func userHandler(w http.ResponseWriter, r
*http.Request) {

    vars := mux.Vars(r)

    fmt.Fprintf(w, "Hallo, %s!", vars["name"])

}

func main() {

    r := mux.NewRouter()

    r.HandleFunc("/", homeHandler)

    r.HandleFunc("/user/{name}", userHandler)

    log.Println("Server läuft auf
http://localhost:8080")

    log.Fatal(http.ListenAndServe(":8080", r))

}
```

In diesem Beispiel:

- **mux.NewRouter**: Erstellt eine neue Router-Instanz.
- **r.HandleFunc("/user/{name}",   userHandler)**: Definiert eine Route mit einem benannten Parameter (name), der an den Handler weitergeleitet wird.
- **mux.Vars**: Extrahiert die URL-Parameter aus der Anfrage.

Gorilla Mux ermöglicht es, dynamische Routen zu definieren und macht es einfacher, komplexere Webanwendungen zu strukturieren.

7.3 Arbeiten mit JSON

JSON (JavaScript Object Notation) ist das am häufigsten verwendete Format zum Austausch von Daten zwischen Webanwendungen und Clients. Go bietet native Unterstützung für JSON über das **encoding/json**-Paket.

7.3.1 JSON in HTTP-Antworten

Du kannst JSON-Daten leicht in einer HTTP-Antwort zurückgeben, indem du die **json.Marshal**-Funktion verwendest, um Go-Structs in JSON zu konvertieren.

Ein Beispiel:

```
package main

import (

    "encoding/json"
    "log"
    "net/http"
)
```

```go
type User struct {

    Name  string `json:"name"`

    Email string `json:"email"`

}


func userHandler(w http.ResponseWriter, r
*http.Request) {

    user := User{Name: "Max Mustermann", Email:
"max@beispiel.de"}

    w.Header().Set("Content-Type", "application/json")

    json.NewEncoder(w).Encode(user)

}


func main() {

    http.HandleFunc("/user", userHandler)

    log.Println("Server läuft auf
http://localhost:8080")

    log.Fatal(http.ListenAndServe(":8080", nil))

}
```

In diesem Beispiel:

- **`json.NewEncoder(w).Encode(user)`**: Konvertiert das `User`-Struct in JSON und schreibt es in den HTTP-Response-Writer.
- **`w.Header().Set("Content-Type", "application/json")`**: Setzt den Content-Type-Header auf `application/json`, um den Client darüber zu informieren, dass die Antwort JSON-Daten enthält.

7.3.2 JSON in HTTP-Anfragen

Um JSON-Daten aus einer HTTP-Anfrage zu lesen, verwendest du die **`json.NewDecoder`**-Methode, um den Anfragekörper in ein Go-Struct zu dekodieren.

Ein Beispiel:

```
package main

import (
    "encoding/json"
    "log"
    "net/http"
)

type User struct {

    Name    string `json:"name"`

    Email string `json:"email"`

}
```

```go
func userHandler(w http.ResponseWriter, r
*http.Request) {

    var user User

    err := json.NewDecoder(r.Body).Decode(&user)

    if err != nil {

        http.Error(w, err.Error(),
http.StatusBadRequest)

        return

    }

    log.Printf("Name: %s, Email: %s", user.Name,
user.Email)

    w.WriteHeader(http.StatusOK)

}

func main() {

    http.HandleFunc("/user", userHandler)

    log.Println("Server läuft auf
http://localhost:8080")

    log.Fatal(http.ListenAndServe(":8080", nil))

}
```

In diesem Beispiel wird der User vom Client als JSON gesendet und dann in das entsprechende Go-Struct dekodiert.

7.4 Middleware in Go

Middleware sind Funktionen, die vor oder nach einem HTTP-Handler ausgeführt werden und genutzt werden können, um wiederverwendbare Logik wie Authentifizierung, Logging oder Caching zu implementieren.

7.4.1 Beispiel einer einfachen Middleware

Eine einfache Logging-Middleware, die die Zeit misst, die eine Anfrage benötigt:

```go
package main

import (

    "log"

    "net/http"

    "time"

)


func loggingMiddleware(next http.Handler) http.Handler {

    return http.HandlerFunc(func(w http.ResponseWriter,
r *http.Request) {

        start := time.Now()

        next.ServeHTTP(w, r)
```

```go
        log.Printf("Anfrage zu %s dauerte %s",
r.URL.Path, time.Since(start))

    })

}


func homeHandler(w http.ResponseWriter, r
*http.Request) {

    w.Write([]byte("Willkommen!"))

}


func main() {

    mux := http.NewServeMux()

    mux.HandleFunc("/", homeHandler)


    log.Println("Server läuft auf
http://localhost:8080")

    log.Fatal(http.ListenAndServe(":8080",
loggingMiddleware(mux)))

}
```

Hier:

- **loggingMiddleware**: Diese Middleware misst die Dauer der Anfrage und gibt sie in die Log-Datei aus.
- **next.ServeHTTP(w, r)**: Führt den nächsten Handler in der Kette aus.

Middleware kann gestapelt werden, um mehrere Schichten von Logik vor oder nach einem Handler zu implementieren.

7.5 Templates in Go

Templates ermöglichen es, dynamische HTML-Seiten mit Go zu erstellen. Das **html/template**-Paket bietet eine einfache Möglichkeit, HTML-Templates zu definieren und zu rendern.

7.5.1 Erstellung und Verwendung von Templates

Ein Beispiel für die Verwendung von HTML-Templates:

```
package main

import (

    "html/template"

    "log"

    "net/http"

)



var tmpl =
template.Must(template.ParseFiles("index.html"))
```

```go
func homeHandler(w http.ResponseWriter, r
*http.Request) {

    data := struct {

        Title string

        Body  string

    }{

        Title: "Meine erste Template-Seite",

        Body:  "Dies ist der Inhalt der Seite.",

    }

    tmpl.Execute(w, data)

}


func main() {

    http.HandleFunc("/", homeHandler)

    log.Println("Server läuft auf
http://localhost:8080")

    log.Fatal(http.ListenAndServe(":8080", nil))

}
```

Das index.html-Template könnte so aussehen:

```
<!DOCTYPE html>

<html>

<head>

    <title>{{ .Title }}</title>

</head>

<body>

    <h1>{{ .Title }}</h1>

    <p>{{ .Body }}</p>

</body>

</html>
```

In diesem Beispiel:

- **template.Must**: Lädt und parst das HTML-Template.
- **tmpl.Execute**: Füllt das Template mit den bereitgestellten Daten (Title und Body).

7.6 Best Practices für die Web-Entwicklung

7.6.1 Sicherheit

- **Input Validierung**: Alle Benutzereingaben sollten validiert werden, um SQL-Injection und Cross-Site Scripting (XSS) zu verhindern.
- **HTTPS**: Verwende TLS, um sicherzustellen, dass die Kommunikation zwischen Server und Client verschlüsselt ist.

- **Sessions und Cookies**: Implementiere sichere Sitzungen, indem du Mechanismen wie JWT oder Cookies mit sicherer Verschlüsselung verwendest.

7.6.2 Skalierbarkeit

- **Lastverteilung**: Nutze Load-Balancer, um eingehenden Traffic auf mehrere Instanzen deiner Anwendung zu verteilen.
- **Caching**: Verwende Caching-Lösungen wie Redis, um Daten und Anfragen zwischenzuspeichern und so die Antwortzeiten zu verkürzen.

7.6.3 Modularität

- **Handlers und Routen organisieren**: Strukturiere deine Webanwendung, indem du Routen und Handler logisch organisierst, um die Wartbarkeit zu verbessern.
- **Middleware richtig einsetzen**: Implementiere Middleware für wiederkehrende Aufgaben wie Logging, Authentifizierung und Fehlermanagement.

8. Erstellen und Arbeiten mit APIs in Go

In diesem Kapitel tauchen wir tiefer in die Welt der Application Programming Interfaces (APIs) ein. APIs sind eine zentrale Komponente moderner Softwareentwicklung und erlauben es verschiedenen Anwendungen, miteinander zu kommunizieren. In Go lassen sich APIs besonders effizient und robust entwickeln. Wir werden uns auf die Erstellung von RESTful APIs konzentrieren, wobei wir auf Best Practices, Sicherheit und Performance eingehen.

8.1 Einführung in RESTful APIs

REST (Representational State Transfer) ist ein Architekturstil, der die Grundlage vieler Web-APIs bildet. RESTful APIs nutzen die Standard-HTTP-Methoden wie GET, POST, PUT, DELETE und PATCH, um mit Ressourcen zu arbeiten. Diese Ressourcen werden durch URLs identifiziert, und die Aktionen auf diesen Ressourcen erfolgen über die genannten HTTP-Methoden.

Die vier Hauptaktionen in einer RESTful API sind:

- GET: Daten lesen
- POST: Neue Daten erstellen
- PUT: Bestehende Daten aktualisieren
- DELETE: Daten löschen

Eine typische REST-API für Benutzer könnte folgende Endpunkte haben:

- GET /users: Liste aller Benutzer abrufen
- GET /users/{id}: Details eines bestimmten Benutzers abrufen
- POST /users: Einen neuen Benutzer erstellen
- PUT /users/{id}: Einen bestehenden Benutzer aktualisieren
- DELETE /users/{id}: Einen Benutzer löschen

8.2 Implementierung einer RESTful API

Starten wir mit der Implementierung einer einfachen RESTful API in Go. Wir werden eine API erstellen, die Benutzer verwaltet.

8.2.1 Projektstruktur

Für größere Projekte ist es wichtig, eine sinnvolle Struktur zu wählen. Eine typische Projektstruktur für eine RESTful API in Go könnte folgendermaßen aussehen:

```
/api

    /handlers

        user_handlers.go

    /models

        user.go

    main.go
```

- handlers: Enthält die HTTP-Handler-Funktionen.
- models: Enthält die Datenstrukturen und Logik für die Benutzer.

8.2.2 Definition von HTTP-Handlern

Zunächst definieren wir die Benutzerstruktur und erstellen einfache Handler-Funktionen für die API:

```
// models/user.go

package models

type User struct {

    ID     string `json:"id"`

    Name   string `json:"name"`

    Email string `json:"email"`

}
```

Nun definieren wir die HTTP-Handler, die die verschiedenen API-Endpunkte verwalten:

```go
// handlers/user_handlers.go
package handlers


import (

    "encoding/json"

    "net/http"

    "github.com/gorilla/mux"

    "myapp/models"

)


var users = make(map[string]models.User)


func GetUsers(w http.ResponseWriter, r *http.Request) {

    var userList []models.User

    for _, user := range users {

        userList = append(userList, user)

    }

    json.NewEncoder(w).Encode(userList)

}
```

```go
func GetUser(w http.ResponseWriter, r *http.Request) {

    vars := mux.Vars(r)

    user, exists := users[vars["id"]]

    if !exists {

        http.Error(w, "User not found",
http.StatusNotFound)

        return

    }

    json.NewEncoder(w).Encode(user)

}


func CreateUser(w http.ResponseWriter, r *http.Request)
{

    var user models.User

    json.NewDecoder(r.Body).Decode(&user)

    users[user.ID] = user

    w.WriteHeader(http.StatusCreated)

    json.NewEncoder(w).Encode(user)

}


func DeleteUser(w http.ResponseWriter, r *http.Request)
{
```

```
    vars := mux.Vars(r)

    _, exists := users[vars["id"]]

    if !exists {

        http.Error(w, "User not found",
http.StatusNotFound)

        return

    }

    delete(users, vars["id"])

    w.WriteHeader(http.StatusNoContent)

}
```

In diesen Handlern:

- GetUsers gibt eine Liste aller Benutzer zurück.
- GetUser gibt die Details eines bestimmten Benutzers zurück.
- CreateUser erstellt einen neuen Benutzer und speichert ihn im Speicher (hier simuliert durch ein Map).
- DeleteUser löscht einen Benutzer aus dem Speicher.

8.2.3 Routing konfigurieren

Nun müssen wir unsere Routen konfigurieren und den Server starten:

```
// main.go

package main
```

```
import (

    "log"

    "net/http"

    "github.com/gorilla/mux"

    "myapp/handlers"

)

func main() {

    r := mux.NewRouter()


    r.HandleFunc("/users",
handlers.GetUsers).Methods("GET")

    r.HandleFunc("/users/{id}",
handlers.GetUser).Methods("GET")

    r.HandleFunc("/users",
handlers.CreateUser).Methods("POST")

    r.HandleFunc("/users/{id}",
handlers.DeleteUser).Methods("DELETE")

    log.Println("API Server läuft auf
http://localhost:8080")

    log.Fatal(http.ListenAndServe(":8080", r))

}
```

Hier definieren wir die Routen für die API und verbinden sie mit den entsprechenden Handler-Funktionen.

8.3 API-Sicherheit

Die Sicherheit von APIs ist von zentraler Bedeutung, da sie häufig der Hauptzugriffspunkt für Anwendungen sind. Folgende Sicherheitsaspekte sollten berücksichtigt werden:

8.3.1 Authentifizierung und Autorisierung

JWT (JSON Web Tokens): JWTs werden häufig zur Authentifizierung verwendet. Sie ermöglichen es, dass Benutzer sich einmal anmelden und dann ihren Token in jeder nachfolgenden Anfrage senden.

Ein Beispiel für die Überprüfung eines JWT:

```
func jwtMiddleware(next http.Handler) http.Handler {

    return http.HandlerFunc(func(w http.ResponseWriter,
r *http.Request) {

        token := r.Header.Get("Authorization")

        if token == "" {

            http.Error(w, "Missing token",
http.StatusUnauthorized)

            return

        }

        // Token-Überprüfung (Pseudocode)

        if !isValidToken(token) {
```

```
            http.Error(w, "Invalid token",
http.StatusUnauthorized)

            return

      }

      next.ServeHTTP(w, r)

   })

}
```

8.3.2 Input-Sanitization

Alle Eingaben, die in die API gesendet werden, sollten auf Richtigkeit und Vollständigkeit geprüft werden. So verhinderst du Angriffe wie SQL-Injection oder Cross-Site Scripting (XSS). Einfache Validierungen wie das Überprüfen der Länge von Strings oder der Existenz von Pflichtfeldern sind essenziell.

8.4 Fehlerbehandlung und Statuscodes

Eine gut gestaltete API sollte immer angemessene HTTP-Statuscodes zurückgeben, um dem Client den Erfolg oder Misserfolg der Anfrage zu signalisieren.

Beispiele für häufig verwendete Statuscodes:

- 200 OK: Die Anfrage war erfolgreich.
- 201 Created: Eine Ressource wurde erfolgreich erstellt.
- 400 Bad Request: Die Anfrage war fehlerhaft (z. B. ungültige JSON-Daten).
- 401 Unauthorized: Die Authentifizierung ist fehlgeschlagen.

- **404 Not Found**: Die angeforderte Ressource wurde nicht gefunden.
- **500 Internal Server Error**: Ein unerwarteter Fehler ist aufgetreten.

In Go können wir Fehler wie folgt behandeln:

```
func CreateUser(w http.ResponseWriter, r *http.Request)
{

    var user models.User

    err := json.NewDecoder(r.Body).Decode(&user)

    if err != nil {

        http.Error(w, "Invalid request payload",
http.StatusBadRequest)

        return

    }

    users[user.ID] = user

    w.WriteHeader(http.StatusCreated)

    json.NewEncoder(w).Encode(user)

}
```

8.5 API-Versionierung

Die Versionierung deiner API ist wichtig, um Rückwärtskompatibilität zu gewährleisten und gleichzeitig neue Funktionen hinzufügen zu können, ohne bestehende Anwendungen zu beeinträchtigen.

Methoden der Versionierung:

- URI-Versionierung: z. B. /v1/users
- Header-basierte Versionierung: z. B. Accept: application/vnd.myapp.v1+json

8.6 API-Dokumentation

Eine klare und verständliche Dokumentation ist entscheidend, damit Entwickler die API problemlos nutzen können. Swagger ist ein beliebtes Tool zur Dokumentation von APIs. Es bietet eine benutzerfreundliche Oberfläche, mit der Entwickler die API testen können.

Ein einfaches Swagger-Dokumentationsbeispiel:

```json
{

    "swagger": "2.0",

    "info": {

      "version": "1.0.0",

      "title": "Benutzer-API",

      "description": "Eine einfache API zur Verwaltung
von Benutzern"

    },

    "paths": {

      "/users": {

        "get": {
```

```
            "summary": "Gibt eine Liste aller Benutzer
zurück",

            "responses": {

              "200": {

                "description": "Liste aller Benutzer"

              }

            }

          }

        }

      }

    }
```

8.7 Performance-Optimierung

Eine API sollte nicht nur korrekt, sondern auch performant sein. Hier einige Strategien zur Verbesserung der Performance:

8.7.1 Caching

Durch Caching kannst du häufig angeforderte Daten zwischenlagern und so die Last auf deine API reduzieren. Eine beliebte Methode ist die Verwendung von Redis, um Antworten im Speicher zu halten und schnell abrufbar zu machen.

8.7.2 Datenbankoptimierung

Optimierungen auf der Datenbankebene, wie die Indizierung von Feldern und die Vermeidung unnötiger Abfragen, sind essentiell, um die API schnell zu halten.

8.7.3 Rate-Limiting

Mit Rate-Limiting kannst du sicherstellen, dass deine API nicht durch zu viele Anfragen überlastet wird. Dies schützt auch vor Denial-of-Service (DoS)-Angriffen.

9. Arbeiten mit Datenbanken in Go

Datenbanken sind ein zentraler Bestandteil fast jeder Anwendung, da sie Daten dauerhaft speichern und verwalten. In Go gibt es verschiedene Möglichkeiten, mit Datenbanken zu interagieren, sei es über relationale Datenbanken wie MySQL oder PostgreSQL oder über NoSQL-Lösungen wie MongoDB. In diesem Kapitel werden wir die Integration von Go mit relationalen Datenbanken und NoSQL-Datenbanken betrachten, mit einem besonderen Fokus auf **Datenbanktreiber**, **ORMs** und **Querying**.

9.1 Einführung in Datenbanken und Datenbanktreiber

In Go gibt es für die Kommunikation mit Datenbanken zwei gängige Ansätze:

- **Native SQL-Treiber**: Hier wird SQL direkt im Code geschrieben. Go bietet für viele relationale Datenbanken native Treiber an, wie z. B.

`github.com/go-sql-driver/mysql` für MySQL und `github.com/lib/pq` für PostgreSQL.

- **ORMs (Object Relational Mappers)**: Ein ORM abstrahiert die Datenbankoperationen und erlaubt es, auf höherer Ebene mit Datenbankobjekten zu arbeiten. Beispiele für populäre ORMs in Go sind `GORM` und `SQLBoiler`.

9.2 Arbeiten mit einer relationalen Datenbank (Beispiel: PostgreSQL)

9.2.1 Installation und Einrichtung des Treibers

Um eine PostgreSQL-Datenbank in Go zu verwenden, installiere den `pq`-Treiber:

```
go get github.com/lib/pq
```

9.2.2 Datenbankverbindung herstellen

Um mit einer PostgreSQL-Datenbank zu arbeiten, musst du eine Verbindung herstellen. Dazu wird die `sql`-Bibliothek von Go verwendet:

```
package main

import (

    "database/sql"

    "log"

    _ "github.com/lib/pq"

)
```

```go
func main() {

    connStr := "user=username dbname=mydb
sslmode=disable"

    db, err := sql.Open("postgres", connStr)

    if err != nil {

        log.Fatal(err)

    }

    defer db.Close()


    err = db.Ping()

    if err != nil {

        log.Fatal(err)

    }

    log.Println("Erfolgreich mit der Datenbank
verbunden!")

}
```

Hier:

- **sql.Open** stellt die Verbindung zur Datenbank her.
- **db.Ping** prüft, ob die Verbindung erfolgreich war.

9.2.3 SQL-Operationen (CRUD)

Sobald die Verbindung steht, kannst du Datenbankoperationen ausführen. Hier sind Beispiele für die **CRUD**-Operationen (Create, Read, Update, Delete).

9.2.3.1 Erstellen (Create)

Um einen neuen Eintrag in die Datenbank einzufügen, verwendest du eine SQL-Insert-Anweisung:

```
func createUser(db *sql.DB, name, email string) error {

    query := `INSERT INTO users (name, email) VALUES
($1, $2)`

    _, err := db.Exec(query, name, email)

    return err

}
```

9.2.3.2 Lesen (Read)

Für das Abrufen von Daten wird eine SELECT-Abfrage verwendet:

```
func getUser(db *sql.DB, id int) (string, string,
error) {

    var name, email string

    query := `SELECT name, email FROM users WHERE id =
$1`

    err := db.QueryRow(query, id).Scan(&name, &email)

    return name, email, err
}
```

9.2.3.3 Aktualisieren (Update)

Um bestehende Daten zu aktualisieren, verwendest du eine UPDATE-Anweisung:

```
func updateUser(db *sql.DB, id int, name, email string)
error {

    query := `UPDATE users SET name = $1, email = $2
WHERE id = $3`

    _, err := db.Exec(query, name, email, id)

    return err

}
```

9.2.3.4 Löschen (Delete)

Das Löschen eines Eintrags erfolgt mit einer DELETE-Anweisung:

```
func deleteUser(db *sql.DB, id int) error {

    query := `DELETE FROM users WHERE id = $1`

    _, err := db.Exec(query, id)

    return err

}
```

9.3 Arbeiten mit GORM (ORM)

Ein ORM vereinfacht die Arbeit mit relationalen Datenbanken, indem es SQL-Abfragen abstrahiert und die Datenbankoperationen in Form von Go-Objekten handhabbar macht. **GORM** ist eines der beliebtesten ORMs in Go.

9.3.1 Installation von GORM

Installiere GORM mit folgendem Befehl:

```
go get -u gorm.io/gorm

go get -u gorm.io/driver/postgres
```

9.3.2 Verbindungsaufbau mit GORM

Die Verbindung mit der Datenbank in GORM ist ähnlich wie bei nativen SQL-Treibern:

```go
package main

import (
    "gorm.io/driver/postgres"
    "gorm.io/gorm"
    "log"
)

func main() {

    dsn := "user=username dbname=mydb sslmode=disable"

    db, err := gorm.Open(postgres.Open(dsn),
&gorm.Config{})

    if err != nil {

        log.Fatal(err)

    }

    log.Println("Erfolgreich mit der Datenbank
verbunden!")

}
```

9.3.3 Modellierung und Datenbankoperationen

Mit GORM kannst du Go-Structs als Datenbankmodelle verwenden:

```
type User struct {

    ID    uint    `gorm:"primaryKey"`
    Name  string `gorm:"size:100"`
    Email string `gorm:"uniqueIndex;size:100"`

}
```

9.3.3.1 Erstellen

Um einen neuen Benutzer zu erstellen, verwendest du die Methode
`Create`:

```
func createUser(db *gorm.DB, name, email string) error
{

    user := User{Name: name, Email: email}

    return db.Create(&user).Error

}
```

9.3.3.2 Lesen

Um Benutzer zu lesen, kannst du einfache Queries durchführen:

```
func getUser(db *gorm.DB, id uint) (User, error) {
    var user User
    err := db.First(&user, id).Error
    return user, err
}
```

9.3.3.3 Aktualisieren

Mit GORM ist das Aktualisieren von Datensätzen ebenfalls einfach:

```
func updateUser(db *gorm.DB, id uint, name, email
string) error {

    return db.Model(&User{}).Where("id = ?",
id).Updates(User{Name: name, Email: email}).Error

}
```

9.3.3.4 Löschen

Ein Benutzer kann wie folgt gelöscht werden:

```
func deleteUser(db *gorm.DB, id uint) error {

    return db.Delete(&User{}, id).Error

}
```

9.4 Arbeiten mit NoSQL (Beispiel: MongoDB)

MongoDB ist eine weit verbreitete NoSQL-Datenbank, die dokumentbasierte Datenspeicherung ermöglicht. In Go kannst du MongoDB mit der offiziellen Bibliothek verwenden.

9.4.1 Installation und Einrichtung

Installiere den MongoDB-Treiber:

```
go get go.mongodb.org/mongo-driver/mongo
```

9.4.2 Verbindung herstellen

Die Verbindung zu MongoDB erfolgt über den MongoDB-Client:

```go
package main

import (

    "context"

    "log"

    "go.mongodb.org/mongo-driver/mongo"

    "go.mongodb.org/mongo-driver/mongo/options"

)


func main() {

    clientOptions :=
options.Client().ApplyURI("mongodb://localhost:27017")

    client, err := mongo.Connect(context.TODO(),
clientOptions)

    if err != nil {

        log.Fatal(err)

    }

    defer client.Disconnect(context.TODO())


    log.Println("Erfolgreich mit MongoDB verbunden!")

}
```

9.4.3 CRUD-Operationen in MongoDB

9.4.3.1 Erstellen

Um ein Dokument in MongoDB zu erstellen:

```
func createUser(client *mongo.Client, name, email
string) error {

    collection :=
client.Database("mydb").Collection("users")

    user := map[string]string{"name": name, "email":
email}

    _, err := collection.InsertOne(context.TODO(),
user)

    return err

}
```

9.4.3.2 Lesen

Um ein Dokument zu lesen:

```
func getUser(client *mongo.Client, name string)
(map[string]string, error) {

collection :=
client.Database("mydb").Collection("users")

    filter := map[string]string{"name": name}

    var user map[string]string

    err := collection.FindOne(context.TODO(),
filter).Decode(&user)
```

```
    return user, err
}
```

9.5 Best Practices für die Arbeit mit Datenbanken

- **Verbindungspooling**: Nutze Verbindungspools, um die Effizienz der Datenbankverbindungen zu steigern.
- **Transaktionen**: Verwende Transaktionen, um sicherzustellen, dass eine Gruppe von Operationen entweder vollständig abgeschlossen oder vollständig zurückgerollt wird.
- **Indexierung**: Stelle sicher, dass wichtige Felder wie IDs und Suchfelder indexiert sind, um die Performance zu verbessern.
- **Datenvalidierung**: Verifiziere alle Eingaben, bevor sie in die Datenbank geschrieben werden.

10. Testen und Debuggen von Go-Anwendungen

Tests und Debugging sind wesentliche Bestandteile der Softwareentwicklung, um sicherzustellen, dass der Code korrekt funktioniert und potenzielle Fehler schnell gefunden und behoben werden können. In Go ist die Integration von Unit-Tests, Integrationstests und das Debuggen direkt in die Sprache eingebaut, was einen effizienten Entwicklungsprozess unterstützt.

Dieses Kapitel erklärt die wichtigsten Methoden und Werkzeuge zum **Testen** und **Debuggen** von Go-Anwendungen. Dabei schauen wir uns die Testbibliotheken, die verschiedenen Testarten und Best

Practices an und lernen, wie man Go-Anwendungen effizient debuggen kann.

10.1 Einführung in das Testen in Go

Go hat ein integriertes Test-Framework, das in das `testing`-Paket eingebaut ist. Mit diesem Paket können Entwickler Unit-Tests, Benchmarks und Beispiele schreiben, die leicht ausführbar sind. Unit-Tests in Go sind einfach zu schreiben und folgen der Konvention, dass alle Testdateien mit `_test.go` enden müssen.

Ein typischer Unit-Test hat folgendes Format:

```go
package main

import "testing"


func TestAdd(t *testing.T) {

    result := Add(2, 3)

    if result != 5 {

        t.Errorf("Add(2, 3) = %d; want 5", result)

    }

}
```

10.2 Unit-Tests in Go

Unit-Tests testen einzelne Funktionen oder Methoden, um sicherzustellen, dass sie wie erwartet arbeiten. In Go werden Unit-Tests typischerweise in separaten Dateien geschrieben, die die

gleiche Paketstruktur wie der zu testende Code haben, jedoch mit
der Endung `_test.go`.

10.2.1 Aufbau eines Unit-Tests

Ein Unit-Test besteht in der Regel aus drei Teilen:

1. **Setup**: Initialisierung der benötigten Daten und Zustände.
2. **Ausführung**: Ausführen der zu testenden Funktion.
3. **Überprüfung**: Vergleichen des Ergebnisses mit dem
   erwarteten Wert.

Ein weiteres Beispiel eines Unit-Tests für eine Funktion `Multiply`:

```go
func Multiply(a, b int) int {

    return a * b

}



func TestMultiply(t *testing.T) {

    result := Multiply(4, 5)

    if result != 20 {

        t.Errorf("Multiply(4, 5) = %d; want 20",
result)

    }

}
```

10.2.2 Testen mit Tabellen (Table-Driven Tests)

In Go sind **Table-Driven Tests** eine weit verbreitete Praxis, um mehrere Eingaben und erwartete Ergebnisse effizient zu testen. Dies wird durch die Erstellung einer Tabelle mit Testfällen erreicht.

```go
func TestMultiplyTableDriven(t *testing.T) {

    tests := []struct {

        a, b, expected int

    }{

        {1, 2, 2},

        {2, 3, 6},

        {10, 10, 100},

    }


    for _, tt := range tests {

        result := Multiply(tt.a, tt.b)

        if result != tt.expected {

            t.Errorf("Multiply(%d, %d) = %d; want %d",
tt.a, tt.b, result, tt.expected)

        }

    }

}
```

10.3 Integrationstests in Go

Integrationstests überprüfen das Zusammenspiel mehrerer Komponenten oder Funktionen einer Anwendung. Im Gegensatz zu Unit-Tests, die isoliert testen, simulieren Integrationstests reale Anwendungsfälle.

Ein Beispiel für einen einfachen Integrationstest:

```go
func TestAPIIntegration(t *testing.T) {

    // Setup: Starte den Server und führe einen
Testaufruf durch

    response, err :=
http.Get("http://localhost:8080/users")

    if err != nil {

        t.Fatalf("Failed to make request: %v", err)

    }

    if response.StatusCode != http.StatusOK {

        t.Errorf("Expected status OK, got %v",
response.StatusCode)

    }

}
```

10.4 Benchmarking in Go

Das `testing`-Paket bietet auch integrierte Funktionen zum Benchmarking. Benchmarks werden verwendet, um die Leistung einer bestimmten Funktion zu messen. Benchmarks in Go folgen der Konvention, dass die Benchmark-Funktionen mit Benchmark beginnen.

Ein Beispiel für einen Benchmark-Test:

```
func BenchmarkMultiply(b *testing.B) {

    for i := 0; i < b.N; i++ {

        Multiply(100, 100)

    }

}
```

Dieser Test misst, wie oft die Funktion Multiply innerhalb der gegebenen Zeit ausgeführt werden kann.

10.5 Testabdeckung (Code Coverage)

Ein wichtiger Aspekt beim Testen ist die **Testabdeckung** (Code Coverage). Sie zeigt, welcher Anteil des Codes durch Tests abgedeckt wird. In Go kannst du die Testabdeckung einfach mit folgendem Befehl anzeigen lassen:

```
go test -cover
```

Um detailliertere Informationen zu erhalten, kannst du auch einen Coverage-Report erzeugen:

```
go test -coverprofile=coverage.out

go tool cover -html=coverage.out
```

Dies zeigt den Coverage-Bericht in einer HTML-Datei, wobei du sehen kannst, welche Teile des Codes nicht getestet wurden.

10.6 Testen von Concurrent Code

Go macht es Entwicklern einfach, nebenläufige Programme zu schreiben. Dies stellt jedoch auch besondere Anforderungen an das Testen. Go bietet Werkzeuge wie **sync.WaitGroup** und **go test -race**, um Datenrennen zu vermeiden und sicherzustellen, dass nebenläufiger Code korrekt funktioniert.

Ein Beispiel für den Test von nebenläufigem Code:

```go
func TestConcurrentAdd(t *testing.T) {

    var wg sync.WaitGroup

    for i := 0; i < 1000; i++ {

        wg.Add(1)

        go func() {

            defer wg.Done()

            Add(1, 1)

        }()

    }

    wg.Wait()

}
```

Mit dem **Race Detector** kannst du Datenrennen aufspüren:

```
go test -race
```

10.7 Debugging von Go-Anwendungen

Go bietet native Debugging-Werkzeuge, die es einfach machen, Probleme im Code zu identifizieren und zu beheben. Zu den bekanntesten Debugging-Tools gehört **Delve**.

10.7.1 Debugging mit Delve

Delve ist das Standard-Debugging-Tool für Go. Mit Delve kannst du Breakpoints setzen, den Code schrittweise durchgehen, Variablen inspizieren und die Ausführung steuern.

Um Delve zu installieren, verwende:

```
go install github.com/go-delve/delve/cmd/dlv@latest
```

Um ein Go-Programm im Debugging-Modus zu starten:

```
dlv debug
```

Du kannst Breakpoints setzen und die Ausführung kontrollieren:

```
(dlv) break main.go:10

(dlv) continue

(dlv) next

(dlv) print myVariable
```

10.7.2 Logging und Fehlerbehandlung

Zusätzlich zum Debuggen hilft das Einfügen von **Logging** dabei, den Programmablauf zu verfolgen und Probleme zu erkennen. In Go kann das Standard-Logging-Paket `log` verwendet werden:

```
import "log"


func main() {

    log.Println("Programm gestartet")

    log.Fatal("Ein schwerwiegender Fehler ist
aufgetreten")

}
```

Fehler sollten in Go konsequent überprüft und behandelt werden, um unvorhergesehene Abstürze zu vermeiden. Eine typische Fehlerprüfung in Go sieht folgendermaßen aus:

```
if err != nil {

    log.Printf("Fehler: %v", err)

    return

}
```

10.8 Best Practices für Testen und Debuggen in Go

- **Schreibe Testfälle für jede Funktion**: Selbst einfache Funktionen sollten Unit-Tests haben, um sicherzustellen, dass sie korrekt arbeiten.
- **Verwende Table-Driven Tests**: Diese Technik erhöht die Lesbarkeit und reduziert den Wiederholungsaufwand bei der Erstellung von Testfällen.

- **Automatisiere Tests**: Nutze `go test` in Continuous Integration Pipelines, um sicherzustellen, dass jeder Code-Commit getestet wird.
- **Führe regelmäßig Benchmark-Tests durch**: Dies hilft, Performance-Engpässe frühzeitig zu erkennen.
- **Nutze den Race Detector**: Bei gleichzeitiger Ausführung von Goroutinen hilft der Race Detector, schwer zu findende Fehler wie Datenrennen zu erkennen.
- **Verwende sinnvolle Logs**: Logs sollten informativ und aussagekräftig sein, um bei der Diagnose von Fehlern zu helfen.

Der Autor hat bisher folgende Bücher veröffentlicht:

Titel	ISBN
Go in der Praxis	979-8339062486
Container, Docker und Kubernetes	979-8340218391
Kotlin Programmierung	979-8343523539
Business Intelligence Basics	979-8339533467
Rust für Entwickler	979-8344961064
Programmieren mit R	979-8308053439

www.ingramcontent.com/pod-product-compliance
Lightning Source LLC
La Vergne TN
LVHW051643050326
832903LV00022B/864